Apuntes de Mecanografía fácil 2

Ma. Norma Islas Novell

Diplomada en Secretariado Contable
Diplomada en Nivelación Pedagógica

OCTAVA REIMPRESIÓN
MÉXICO, 2008

GRUPO EDITORIAL PATRIA

Para establecer comunicación con nosotros puede hacerlo por:

correo:
Renacimiento 180, Col. San Juan Tlihuaca, Azcapotzalco, 02400, México, D.F.

fax pedidos:
(01 55) 5354 9109 • 5354 9102

e-mail:
info@editorialpatria.com.mx

home page:
www.editorialpatria.com.mx

Dirección editorial: María Antonia Chávez Arellano
Coordinación editorial: María A. Alegría Estrada
Diseño de portada: Antonio Alfaro Nieto
Fotografía de portada: Humberto Martínez Rentería
Diseño de interiores: Equipo Cultural, S.A. de C.V.
Tipografía y formación: Guillermo Rodríguez Luna

Apuntes de Mecanografía fácil 2

Renacimiento 180, Colonia San Juan Tlihuaca,
Delegación Azcapotzalco, Código Postal 02400, México D.F.

Miembro de la Cámara Nacional de la Industria Editorial Mexicana
Registro núm. 43

ISBN: 978-970-24-0420-0 (13 dígitos)
ISBN: 970-24-0420-7 (tercera edición)
ISBN: 968-39-1276-1 (segunda edición)
ISBN: 968-39-0476-9 (primera edición)

Impreso en México
Printed in Mexico

Primera edición: 1991
Segunda edición: 1996
Tercera edición: 2003
Séptima reimpresión: 2007
Octava reimpresión: 2008

Índice

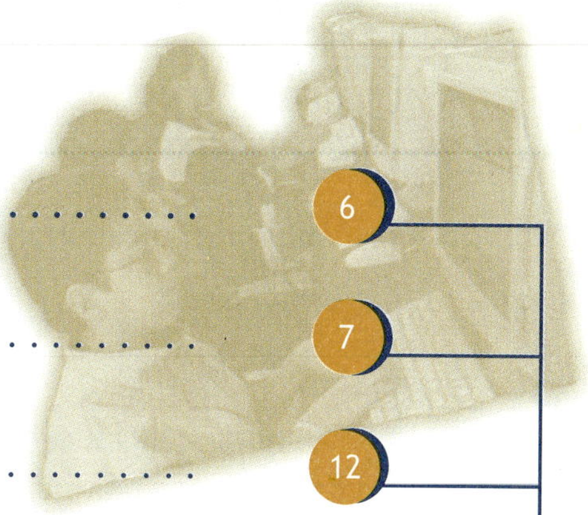
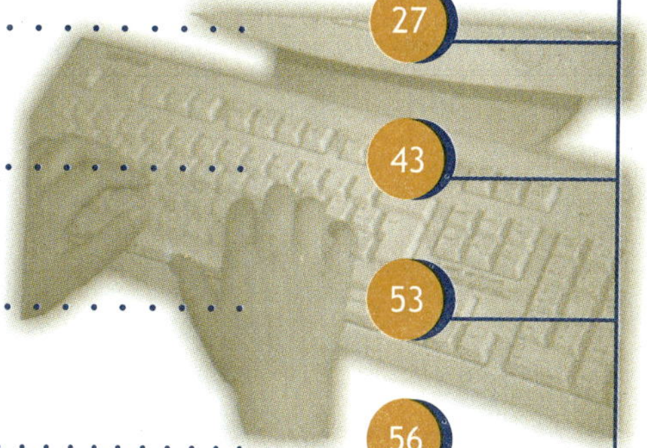

Prefacio

Esta obra contiene, en primer término, una serie de ejercicios de digitación, memoración y copia para reafirmar la técnica adquirida en el primer curso. Asimismo, inicia al estudiante en el aprendizaje de una de las áreas secretariales más requeridas: la distribución de correspondencia conforme a modelos formalmente establecidos. De igual manera que el libro primero, en esta obra aparece la tarifa de calificación para cada ejercicio y algunos indicadores para evaluar los errores que se cometen en la ejecución de las prácticas mecanográficas.

Esperamos que lo expuesto aquí satisfaga las necesidades, tanto del maestro como del alumno, y que sea un punto de partida más para que estos últimos continúen su trabajo académico.

La autora

TEMA UNO
Digitación

Recordemos que los ejercicios de digitación tienen por objeto dominar el teclado al tacto. Antes de iniciarlos, se tomarán en cuenta las siguientes indicaciones:

- Los alumnos realizarán ejercicios de gimnasia digital para fortalecer y agilizar los dedos.
- Los ejercicios seleccionados por el profesor se leerán en voz alta antes de escribirlos.
- Utilizando su cronómetro, el profesor indicará a los alumnos el tiempo de preparación, inicio y término de cada ejercicio.
- Las líneas preparatorias deben practicarse durante dos minutos y, posteriormente, se repetirán durante un minuto y 40 segundos más como ejercicios para calificar.
- Se aconseja separar los ejercicios preparatorios de los calificables con tres interlíneas.
- Terminado el ejercicio, los alumnos revisarán y calificarán sus prácticas de acuerdo con las indicaciónes del profesor.
- Para calificar, se recomienda utilizar bolígrafo rojo.

Nota: La tarifa y el ejemplo de calificación aparecen en las páginas 8 y 9.

Ejercicios de Digitación

Digitación 1

tejer bueno fruto grano puede anota tuyos solos kilos pagar.
mañana franco unidad cuerpo último poseen asocia cuales dime
Los cuerpos orgánicos inertes carecen de vida, seres inertes

Digitación 2

seres vivos partir fruta acero átomo helio fases medio ondas
proceso durante empleos carbono abarcan función vegetal como
La humedad se representa por la cantidad de agua en el aire-

Digitación 3

jardín medida visita grupos similar forman grande verdes pez
biológico carnívoro herbívoro acuático fotosíntesis trópicos
La madurez viene cuando un organismo llega a la edad adulta.

Digitación 4

disminuir crecimiento alarmantes consecuencias crecimiento;:
desproporción producción población armónicas drogadicción --
Explosión demográfica es crecimiento excesivo de población..

Digitación 5

capacidad paternidad conocimientos planificación importantes
actualidad alcanzado dependencias control reproductora tanto
Aceleración es la rapidez con que cambia la velocidad. Basta

Digitación 6

terrestres, disminuye, movimiento, segundos, cotidianas nula
hemisferio alternadamente iluminadas montoncito comprobados.
La tierra, como todo cuerpo celeste, presenta dimensiones.--

Digitación 7

hicieras cercanas costa altitud localización regiones ciudad
proyecciones meridianos actividades supervisión conveniente.
Península, porción de tierra rodeada de agua por todos lados

Digitación 8

museos viajes balones raquetas trofeos carreras pupila docto
juncos señuelo anzuelo utiliza instantes acierto pupitre red
La crítica, cuando es constructiva, es muy útil y saludable.

Digitación 9

fórmula volumen bases átomos plazo derecho cultura educación
elector grandes prosodia casilla timbal armonio riqueza voto
El Océano Glacial Ártico es una útil ruta de comunicación...

Digitación 10

mercurio temperatura altitudes externas membranas seguridad.
células fuerza especial presiones superficie diversos fuente
El calor es energía molecular que pasa de un cuerpo a otro.

Digitación 11

smog humo niebla aire origen suelo rayos ácido alturas gases
arroja fondo repite frasco tiene ancha agua cloro ozono tubo
Las plantas verdes elaboran sustancias nutritivas para vivir

Digitación 12

dando etapas madurez corporal momento propias humano calidad
circulación intoxicación temperatura agotamiento sentimiento
Vicio es la adquisición de un hábito nocivo para la salud...

Digitación 13

corporal sudación cabeza ocasiona hambre regiones excesivos.
incrementando alimenticias desarrollen planificación cumplen
Trayectoria, camino que sigue un cuerpo de un lugar a otro.-

Digitación 14

fuerza necesario unidad medirse sentido dentista cuando mari
marca equivalencia comercio indicadora mueve aplicando unido
La distancia que recorre cada segundo se le llama velocidad.

Digitación 15

velocímetro aceleración instantáneo calcularse aumento final
matemática expresión proporcional dinámica posición símbolos
Vía Láctea. Faja de luz blanca compuesta por estrellas.-;-:-

Ejemplo de ejecución de prácticas y forma de corrección

Líneas Fracciones

mejoras lectora valores obligas estudio señalar realiza gano
mejoras lectora valores obligas estudio señalar realiza gano
mejoras lectora valores obligas estudio señalar realiza gano
mejoras lectora valores obligas estudio señalar realiza gano
mejoras lectora valores obligas estudio señalar realiza gano

Errores tiempos 2

mejoras lectora valores obligas estudio señalar realiza gano
mejoras lectora valores obligas estudio señalar realiza gano
mejoras lectora valores obligas estudio señalar realiza gano
mejoras lctorea valores obligas seňalar señalar realiza gano
jomeras lectora valores obligas sentido

4/39 — 4 1´40

kilowat horqueta pendular cañamazo flexible guayules valija.
kilowat horqueta pendular cañamazo flexible`guayules valija.
kilowat horqueta pendular cañamazo flexible guayules valija.
kilowat horqueta pendular cañamazo flexible guayules valija.
kilowat horqueta pendular cañamazo flexible guayules valija.
kilowat horqueta pendular cañamazo flexible guayule

2

kilowat horqueta pendular cañamazo flexible guayule valija.
kilowat horqueta pendular cañamazo flexible guayules valija.
kilowat horqueta pendular cañamazo flexible guayules valija.
kilowat horqueta pendular cañamzao flexible guayules valija.
kilowat horqueta pendular caña

4/30 — 3 1´40

Es deber ciudadano mantener limpia la ciudad. Ayudemos todos
Es deber ciudadano mantener limpia la ciudad. Ayudemos todos
Es deber ciudadano mantener limpia la ciudad. Ayudemos todos
Es deber ciudadano mantener limpia la ciudad. Ayudemos todos
Es deber ciudadano mantener limpia la ciudad. Ayudemos todos
Es deber ciudadano mantener limpia la ciudad. Ayudemos todos

2

Es deber ciudadano mantener limpia la ciudad. Ayudemos todos
Es deber ciudadano mantenr limpia la ciudad. Ayudemos todos
Es deber ciudadano mantener limpia la ciudad. Ayudemos todos
Es deber ciudadano mantener limpia la ciudad. Ayudemos todos
Es deber ciudadano mantener limpia la ciudad. Ayudemos todos
Es beber ciudadano me

5/21 — 3 1´40

Formas de corrección

		Golpes
Líneas completas (60 golpes por línea)	13	780
Fracciones (suma de los golpes en las líneas incompletas)	39+30+21	90
Subtotal		870
Multa (20 golpes por error)	10	-200
Total		670
Tiempo calificable (suma de tiempo cronometrado)	5	
Golpes netos por minuto (total de golpes entre tiempo calificable)		134

ABCDEFGHIJKLMNÑOPQRSTUVWXYZ

Una vez que se haya observado uniformidad en la práctica de los ejercicios, se repetirán nuevamente con el tiempo cronometrado antes indicado. A medida que se avance se agregarán diez golpes, según la siguiente tarifa:

Golpes netos	Calificación
110 a 180	10
100	9
90	8
80	7
70	6
60	5
50	4
40	3
30	2
20	1

EJERCICIOS

TARIFA DE CALIFICACIÓN

abcdefghijklmnñopqrstuvwxyz

TEMA DOS
Memoración

Los ejercicios de memoración permitirán al alumno el dominio del teclado. Es preciso recordar que los signos ¡! ¿? — / cambian de posición según el modelo de la máquina de escribir.

Antes de iniciar los ejercicios se tomarán en cuenta las siguientes indicaciones:

- En los ejercicios de memoración los alumnos usarán el cubreteclado para comprobar la escritura al tacto.
- Realizarán ejercicios de gimnasia digital para fortalecer y agilizar los dedos.
- El profesor indicará el ejercicio a realizar, que desarrollarán en 10 minutos.
- Si los alumnos finalizan los ejercicios antes del tiempo señalado, deben iniciarlo de nuevo hasta que el profesor indique la terminación de la práctica.
- Terminado el ejercicio, los alumnos procederán a revisarlo y marcar sus errores de acuerdo con las indicaciones del profesor.

Nota: La tarifa y el ejemplo de calificación aparecen en la página 13.

Ejercicios de Memoración

Memoración 1

12 líneas de 750 golpes SE INCLUIRÁN EN EL EXAMEN FINAL
12 líneas de 750 golpes SE INCLUIRÁN EN EL EXAMEN FINAL

Las llantas XG-340 DE LA GOOD YEAR-OXO. Al mejor precio
Las llantas XG-340 DE LA GOOD YEAR-OXO. Al mejor precio

Quantas, Iberia, Lufthansa, Western, KLM, líneas UNIDAS
Quantas, Iberia, Lufthansa, Western, KLM, líneas UNIDAS

El (Rockefeller Building de N. York) tiene 115 pisos !
El (Rockefeller Building de N. York) tiene 115 pisos !

Memoración 2

Clayton y King pagaron un cheque por $1345.000.000 Dlls
Clayton y King pagaron un cheque por $1345.000.000 Dlls

Reúnan la lista de las máquinas OLIVETTI que compramos.
Reúnan la lista de las máquinas OLIVETTI que compramos.

TODOS LOS SIGNOS DEL TECLADO LOS DEBEMOS DOMINAR !!??.-
TODOS LOS SIGNOS DEL TECLADO LOS DEBEMOS DOMINAR !!??.-

Ahorra el 15, 20 y 25% en tus compras. GRAN SURTIDO ojo
Ahorra el 15, 20 y 25% en tus compras. GRAN SURTIDO ojo

Memoración 3

Es necesario informarles que al cobro de los documentos que enseguida describimos: Ch/678 por $567.00 a cargo de Star Glass de Nueva York; Ch/740 por $982.00 a cargo de Francisco Alexander's, de Ginebra; Ch/567 por $590.00 a cargo de Marcos Copperfield, de Inglaterra, se les hará un 15% de recargos por pago atrasado y nuevamente les informamos que si cubren las cantidades en la fecha requerida se les hará un descuento considerable.

Memoración 4

JOSEPH PRIESTLEY, descubridor del oxígeno (1733-1804)
JOSEPH PRIESTLEY, descubridor del oxígeno (1733-1804)

JOSEPH BLACK, médico, físico y químico escocés (1728 1799), profesor de química en Glasgow y Edimburgo.

El "gran moralista" BLAISE PASCAL, hombre de ciencia, gran matemático, inventor de la máquina sumadora.

WILLIAM HARVEY (1578-1657) "el nombre máximo de la medicina inglesa" fue la llave de la fisiología moderna

"La ciencia es patrimonio de todos". CONRAD GESNER. -

Memoración 5

Los siguientes libros los encontrarás en librerías del Centro: (1967) "Numerical engineering develops car bodies faster", Metal Working; C. Hammer, "The Cyberculture", en Computer Weeekly, 21 de agosto 1969; B. Jhonson (1969) "Revolution in hospitals now taking place", en Computer Weekly, no. 160.

Memoración 6

ALGUNAS MINICOMPUTADORAS: MODELO "alpha" 16, fabricante CAI, Digital; tamaño de la memoria 2-32; Longitud de palabras 16; Tiempo de Ciclo (m/s) 1-6 Compilador Fortran Basic. Algol; Costo en ($) 1 757; GA 18/30; Fabricante - Control Data; tamaño 4-65; longitud 16; tiempo 1.1 compilador Fortran IV; costo ($) 21 680.

Ejemplo de ejecución de prácticas y forma de corrección

```
VISITE A ESTOS PROVEEDORES PARA DETERMINAR S/N. PEDIDO # 392

Güemes y Fajardo; "La Aurora"; Añorve Hnos., Walker's & Co.;
Guemes y Fajardo; "La Aurora"; Añorve Hnos., Walker's & Co.

Cía. Mexicana de Comercio Exterior, S.A.; Importadora Ruiz.
Cía. Mexicana de Comercio Exterior, S.A.; Importadora ruiz.

Nuestro pedido es muy importante: - asciende a $1,850.00 - -
Nuestro pedido es muy importante: - asciende a $2,850.00 - -

Procúrese buen descuento (Mínimo 15% sobre precios de lista)
Procúrese buen descuento (mínimo 15% sobre precios de lista[

Las cotizaciones deben tenerse a más tardar el 15 del actual
Las cotizaciones deben tenerse a más tardar el 1 del actual

En sus manos queda este asunto. ¿Tendrá usted éxito? Ojalá:

VISITE A ESTOS PROVEEDORES PARA DETERMINAR S/N. PEDIDO # 392

Güemes y Fajardo; "La Aurora"; Añorve Hnos.; Walker's & Co.;
Güemes y Fajardo; "La Aurora"; Añorve Hnos.; Walker's & C9o;
```

ABCDEFGHIJKLMNÑOPQRSTUVWXYZ

EJERCICIOS

TARIFA DE CALIFICACIÓN

Golpes netos	Calificación
1 - 2	10
3	9
4	8
5	7
6	6
7 o más	5

Total de errores: 8

Calificación: 5

abcdefghijklmnñopqrstuvwxyz

TEMA TRES
Copia

Los ejercicios de copia tienen por objeto lograr exactitud y rapidez en la escritura mecanográfica. Antes de iniciarlos se tomarán en cuenta las siguientes indicaciones:

- Estos ejercicios deben ejecutarse con cubreteclado.
- Antes de iniciar la práctica se harán ejercicios de gimnasia digital para fortalecer y agilizar los dedos.
- Los alumnos leerán mentalmente el tema durante tres minutos y posteriormente, en voz alta con la participación de varios integrantes.
- El tiempo de ejecución de estos ejercicios es de 10 minutos.
- Los ejercicios de copia se realizarán a doble interlínea. El título de los temas no se escribirá en ejercicios cronometrados.
- Al término del ejercicio se calificarán sólo 10 líneas previamente sorteadas por el profesor.

Nota: La tarifa y el ejemplo de calificación aparecen en las páginas 22 y 23.

Copia 1

LA ADMINISTRACIÓN DEL TIEMPO EN NUESTRO TRABAJO

Necesitas tener conciencia del tiempo y no caer en tu propia trampa; es decir, debes manejarlo en tu favor y no en contra. Lo puedes lograr agilizando tu trabajo diario y darle un to-que personal. Abre tu mente a nuevas ideas y olvídate de la rutina. Desarrolla cada tarea como si fuera la primera vez y pregúntate el porqué de cada cosa que realizas. Si deseas ser más eficiente comienza, desde ahora, a estudiar el funciona-miento de tu casa, el de tu escuela, el de una oficina o el de una empresa. Así tendrás la oportunidad de localizar los tiempos perdidos y comprobarás cuánta energía desperdicias. Todo ello se puede evitar si aplicas ingenio, y te satisfará la simplificación de tus la-bores diarias y el ahorro de tiempo que implican.

(735 golpes)

EL EQUIPO ACTUAL COMO APOYO EN LOS SERVICIOS ADMINISTRATIVOS

La copiadora es una máquina que realiza una fotografía especial obtenida directamente sobre el papel; se emplea para reproducir documentos, escritos, figuras, ya sea a colores o en blanco y negro. Existen máquinas que reducen y amplían escritos, documentos, hojas de libros, folletos, revistas, planos, en un mínimo de tiempo.

El fax es un aparato que se conecta a cualquier línea telefónica; recibe y envía automática o manualmente documentos de un aparato a otro, sin tomar en cuenta las distancias en cualquier parte del mundo.

La computadora es un dispositivo electrónico utilizado para el almacenamiento de datos y para el proceso de los mismos, a velocidades electrónicas y por segundo, de acuerdo con instrucciones dadas: los resultados obtenidos dependen del talento de quien la programa.

La calculadora abrió grandes horizontes tanto a la ciencia como a la industria; relevó al hombre de largas y tediosas operaciones de cálculos matemáticos y estadísticos; actualmente hay infinidad de calculadoras: de bolsillo, de escritorio, para ingeniería, medicina, contabilidad, financieras, etcétera.

(1088 golpes)

LA COMUNICACIÓN

Todos nosotros alguna vez hemos dado una orden, pasado un informe, convencido o motivado a alguien, o bien, hemos expresado nuestros sentimientos de admiración o interés por alguna persona. La mayor parte de nosotros creemos que la forma en que nos comunicamos es perfecta, pero olvidamos que hacernos entender implica todo un proceso que requiere una preparación proporcional a la importancia o dificultad de lo que queremos comunicar.

La comunicación es un proceso en el que transmitimos a otros nuestros conocimientos, tendencias y sentimientos. Por ello es importante que sea clara.

Los elementos de la comunicación son: Fuente de la comunicación, que es el grupo o persona en la que se origina la comunicación y quien dirige todo su proceso. Receptor de la comunicación, es la persona o grupo a quien va dirigida dicha comunicación. Canal o medio de la comunicación, ya sea la palabra escrita, hablada, determinadas actitudes, gestos, ciertos signos y también algunas omisiones. Su contenido y su respuesta.

(1000 golpes)

EL COMERCIO EXTERIOR E INTERIOR

Toda transacción comercial entre empresas situadas en diferentes países origina lo que se llama comercio exterior o internacional; éste se efectúa a través de dos tipos de operaciones: la importación y la exportación.

La importación es la entrada de mercancías a un país; ésta es propiciada por el comprador. La exportación es la salida de las mismas del país; ésta la origina el vendedor.

La necesidad del comercio internacional se explica por diversas razones: un producto puede no fabricarse, no obtenerse los recursos naturales con los que se fabrica o no disponer de él en cantidades suficientes para su consumo, por lo que tiene que importarse (comprarse). En nuestro país se efectúa dentro de los estados de la República Mexicana. La Secretaría de Industria y Comercio se encarga de decidir si autoriza o no la importación a determinados artículos. En ciertas condiciones, las importaciones se limitan para proteger la industria nacional.

El comercio siempre se ve afectado por factores como la inflación, el peligro de guerra, las malas cosechas, la inestabilidad política y otros más. Para evitar que el comercio se estanque existen múltiples vías, como tarjetas de crédito, cuentas de ahorro, cheques de viajero, cuentas de cheques en moneda extranjera, etcétera.

(1268 golpes)

LA PERSEVERANCIA

Pocos son los que se han arrepentido de la perseverancia en sus negocios, y muchos los que han lamentado la falta de ella para llevarlos a término.

La perseverancia es una virtud difícil de poseer; pero cuando se posee y se practica con energía, siempre recompensa con satisfacción los trabajos, dificultades y sufrimientos que ha costado sostenerla.

La gran mayoría de los hombres carece de esta virtud, pues al emprender cualquier obra o al concebir alguna idea notable, útil y buena, la abandonan apenas comienzan a tocar las primeras dificultades que se les presentan; y no hay obra humana que ofrezca mayor satisfacción como la que tiene por objeto un fin noble, grande, útil y glorioso.

El nuevo mundo que habitamos se hallaría aún revuelto en las tinieblas de lo desconocido si Cristóbal Colón no hubiera poseído la rara virtud de la perseverancia, venciendo uno tras otro los miles de obstáculos que se oponían a la realización de su gran empresa.

¡Cuántos genios han vivido y desaparecido del mundo, completamente desconocidos por falta de perseverancia, por el temor a las dificultades y por la poca entereza para luchar contra ellas hasta vencerlas!

Por lo tanto, en cualquier obra buena y útil que emprendas, pon el esfuerzo de la perseverancia hasta llevarla a cabo.

María Enriqueta

(1272 golpes)

EL PROYECTO

Un proyecto es la representación esquemática (gráfica) y textual de un plan a corto plazo, estructurado en un programa de técnicas matemáticas, gráficas o electrónicas.
Las organizaciones que en un momento determinado de su expansión necesitan la realización de un proyecto, generalmente de planeación estratégica, necesitan crear un departamento para su desarrollo, que existirá dentro de la estructura formal de la empresa mientras dure la planeación, la elaboración y el control del propio proyecto.
La división por proyecto ha ganado terreno en muchos planes de investigación en producción. A través de la división por departamentos se cree que es posible la mejor utilización del personal; nunca se debe tener en reserva al personal con talento. Además cuando existen actividades no esenciales, se eliminan periódicamente de la estructura de la organización. Cada miembro queda comprometido con el objetivo y le interesa alcanzar los resultados deseados contribuyendo también a los objetivos generales del grupo al que pertenece. Desde luego, no sólo se le permite sino que se espera que ejecute más de un tipo de trabajo limitado. La planeación de los proyectos consistirá en el proceso de convertir las ideas generales y la información acerca de los trabajos a realizar, en una estructura ordenada de procedimientos a lograr.

(1324 golpes)

CALENDARIOS PREHISPÁNICOS

Uno de los mayores logros de las culturas prehispánicas fue la creación de los calendarios. No debió ser nada fácil, puesto que tuvieron primero que hacer toda una serie de cálculos matemáticos, utilizando como instrumentos palos y cuerdas. Observando el movimiento de los astros supieron que el tiempo podía medirse.

Uno de nuestros primeros calendarios fue el elaborado por los sabios toltecas, quienes sentaron las bases culturales para muchas de las grandes civilizaciones mexicanas. Ellos calcularon el tiempo con base en los movimientos del planeta Venus, que para ellos era Quetzalcóatl, la estrella de la mañana.

Los aztecas tomaron su cultura de los toltecas, por lo que su calendario se basa en los cálculos de esos hombres tan listos. Sólo que el calendario mexica era solar, y lo podemos apreciar en la Piedra del Sol, que los aztecas tenían en el Gran Teocalli, o Templo Mayor.

En el centro de esta piedra circular aparece la máscara sagrada de Tonatiuh, el Sol. Rodean al Sol los signos de los cuatro soles o edades. Después está una faja circular que rodea a los soles, y que está dividida en veinte porciones, que eran los veinte días del mes azteca.

Cada año tenía su nombre: el año conejo, el año venado, el año caña, etcétera. Al terminar el ciclo de 52 años, los aztecas apagaban todas las hogueras y encendían otra en el Gran Teocalli, en una ceremonia llamada "fiesta del fuego nuevo", en donde hacían sacrificios a los dioses para que el nuevo siglo trajera buena suerte a todos.

(1447 golpes)

Ejemplo de ejecución de prácticas y forma de corrección

La tecnología se aplica actualmente en múltiples actividades
humanas, lo que determina cambios que no siempre son
benéficos, como sería de desear, en las condiciones del medio
am-biente.

La contaminación del aire y del agua por partículas sólidas,
humos, gases o ruidos, la acumulación de desperdicios en
basureros al aire libre, el uso indiscriminado de detergentes
e insecticidas, así como otros muchos factores, son la causa
fundamental del deterioro ambiental que origina los problemas
propios de su localidad.

Por medio de la aplicación de los conocimientos adquiridos
en el laboratorio de ciencias naturales se puede contribuir,
entre otras cosas, a lograr una mejor utilización de los re-
cursos que constituyen la base fundamental de la economía de
tu comunidad.

Total de líneas: 15

Errores en 10 líneas: 3

Grado de velocidad y calificación: ver pág. 25.

Se determinará por el número de líneas ejecutadas y previamente sorteadas por el profesor. Se clasificarán en tiempos A, B y C.

En ejercicios iniciales la tarifa aplicada será la siguiente:

Tiempo	No. de líneas
A	15
B	14
C	13

De acuerdo con el avance programático, gradualmente se aumentarán dos líneas, cuidando que el grupo trabaje de manera uniforme.

Ahora, ésta será la tarifa

	Tiempos		
Errores	A	B	C
1–2	10	9	8
3	9	8	7
4	8	7	6
5	7	6	5
6	6	5	4

TEMA CUATRO
Centrado de textos

La estética es un requisito indispensable en la elaboración de cualquier escrito. En mecanografía esto significa que el texto que vayamos a escribir guarde una proporción dentro de nuestra hoja de papel. **Para lograrlo utilizaremos el siguiente procedimiento:**

1. Las líneas que caben en una hoja de papel tamaño carta son 66.
2. A este número restaremos el total de líneas e interlíneas del escrito que vayamos a elaborar. Por ejemplo:

   $$66 - 34 = 32$$

3. El resultado de esta operación se divide entre dos para que los blancos del frente y el calce sean iguales (ver figura), es decir:

   $$32 \div 2 = 16$$

4. Nuestro escrito lo iniciaremos en la línea 17.

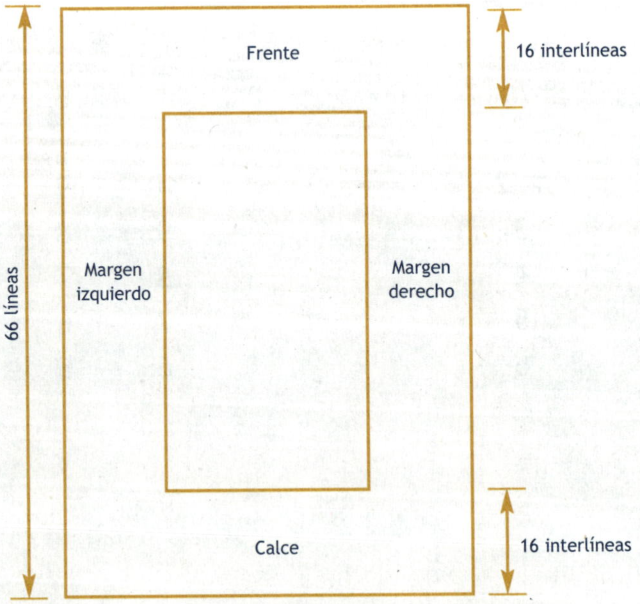

TEMA CINCO
La carta

La carta es el escrito por medio del cual se comunican, con la amplitud que el caso requiere, dos personas o firmas comerciales.

Los elementos de la carta son:

- ***Membrete:*** Nombre, dirección, teléfono y ciudad de la empresa o persona que la escribe (remitente).
- ***Fecha:*** Ciudad, entidad federativa, día, mes y año en que se expide.
- ***Dirección:*** Nombre, dirección, ciudad y código postal de la persona a quien se dirige (destinatario).
- ***Vocativo:*** Expresión de cortesía que une al firmante con el destinatario.
- ***Texto:*** Exposición del asunto que motiva la carta.
- ***Despedida:*** Expresión de cortesía para dar término a la carta.
- ***Antefirma:*** Razón social o denominación de la casa.
- ***Firma:*** Nombre completo del remitente y su rúbrica.
- ***Referencias finales:*** Iniciales, mayúsculas y minúsculas respectivamente, de la persona que dicta y de quien escribe la carta.
- ***Otros datos:*** Indicaciones de los anexos que se envían o el nombre de las personas a quienes se remite copia del documento. Estas anotaciones se hacen al calce y antes de las referencias finales.

ESTRUCTURA DE LA CARTA

15 20 35 70

FECHA ______________________

4 interlíneas

DIRECCIÓN ____________________

____

____

4 interlíneas

VOCATIVO ______________________ :

2 interlíneas

TEXTO ____

____

____ .

2 interlíneas

____

____

____

2 interlíneas

DESPEDIDA _____________________________________

2 interlíneas

ANTEFIRMA __________________

4 interlíneas

FIRMA _______________

CATEGORIA DEL FIRMANTE _____________________

De acuerdo a la extensión del texto será el número de interlíneas.

OTROS DATOS _______________

2 interlíneas

REFERENCIAS FINALES ______________________

Estilos o formatos de la carta

En la distribución de correspondencia existen dos estilos o formatos para la presentación de la carta:

Estilo bloque:

Todo el contenido de la misiva está alineado al margen izquierdo con excepción del membrete que, en la carta comercial, puede excribirse en forma simétrica.

Estilo semibloque o tradicional:

El destinatario, el vocativo, el texto y las iniciales de identificación se alinean al margen izquierdo, con excepción de la primera línea de cada párrafo que se escribe con sangría de cinco espacios. La fecha se escribe en el punto 35 o 40 de la escala, según el tipo de escritura o tipo de máquina que se emplee o del escrito a distribuir. La antefirma y firma van alineadas con la línea de la fecha. El membrete, si no va impreso, se mecanografía en forma simétrica.

A continuación se presentan los modelos de carta más usuales dentro de la distribución de correspondencia. Cópiense a manera de ejercicios.

15 20 35 70

MODELO DE CARTA SIMPLE PARTICULAR ESTILO BLOQUE

EJERCICIOS

MODELO DE CARTA

México, D. F.,

Lic. Guillermina Robles,
Bolívar No. 19,
México, D. F.,
C.P. 06000.

Muy estimada Licenciada Robles:

Damos respuesta a su carta de fecha 3 de los corrientes, en la que nos ofrece sus servicios para trabajar en este despacho como coordinadora del Departamento Legal.

Hemos estudiado detenidamente su curriculum vitae y consideramos que reúne todos los requisitos exigidos por nosotros.

Por lo tanto, la esperamos el próximo día 15 de enero a las 14.00 hrs. para una entrevista personal.

Atentamente.

DESPACHO CASAS ALATRISTE

15 20 35 70

MODELO DE CARTA SIMPLE PARTICULAR ESTILO SEMIBLOQUE O TRADICIONAL

México, D. F.,

Lic. Guillermina Robles,
Bolívar No. 19,
México, D. F.,
C.P. 06000.

Muy estimada Licenciada Robles:

Damos respuesta a su carta de fecha 3 de los corrientes, en la que nos ofrece sus servicios para trabajar en este despacho como coordinadora del Departamento Legal.

Hemos estudiado detenidamente su curriculum vitae y consideramos que reúne todos los requisitos exigidos por nosotros.

Por lo tanto, la esperamos el próximo día 15 de enero a las 14:00 hrs. para una entrevista personal.

Atentamente.

DESPACHO CASAS ALATRISTE

CA/nin

* La carta simple particular comprende los elementos básicos de la carta.

De acuerdo con los conocimientos adquiridos, distribuye el siguiente ejercicio:

Ejercicio 1

CARTA SIMPLE PARTICULAR

México, D. F.,....- Dra. Luz Ma. González Arévalo, Sánchez Azcona No. 36, Col. del Valle, México, D. F., C.P. 03100- Estimada amiga: Por medio de la prensa me enteré de las investigaciones científicas que realizaste en Inglaterra y con ello la serie de felicitaciones y la entrega de muchos premios, a tu llegada a la ciudad de México.- Reconozco en ti a persona muy valiosa, por lo tanto, te envío mis cordiales felicitaciones, así como el deseo de que sigas obteniendo muchos éxitos.- Tu amiga de la infancia.- Margarita Sánchez Ruiz.- MSR/nin

MODELO DE CARTA CON REFERENCIA INICIAL*

BANCO DE COMERCIO
SUCURSAL EN GUADALAJARA
JUÁREZ No. 23,
GUADALAJARA, JAL.,
C.P. 44502.

Guadalajara, Jal.,

Sr. Gustavo Ramírez Corona,
Av. Jalisco No. 236,
México, D. F.,
C.P. 15302.

Exp. 8-14-345.

Muy señor mío:

Damos respuesta a su carta del 11 del actual, en la que se sirve solicitar un talonario de cheques. Nos permitimos informarle que tan pronto nos lo envíe el departamento correspondiente, se lo remitiremos a la brevedad posible.

Atentamente.

BANCO DE COMERCIO.

Guillermo Gómez,
Gerente.

GG/nin

* La referencia inicial es la clasificación que las empresas tienen de sus clientes para ordenar la correspondencia de uso frecuente.

De acuerdo con los conocimientos adquiridos, distribuye el siguiente ejercicio:

Ejercicio 2

CARTA COMERCIAL CON REFERENCIA INICIAL

SEARS, ROEBUCK & Co. DE MÉXICO, S.A. INSURGENTES SUR No. 231, MÉXICO, D.F., C.P. 06700– México, D.F.,...– Novedades Patricia, S. A., Calle 22 No. 65, Guadalajara, Jal., C.P. 44500– Exp. 36-981-16.– Estimados señores: Siendo ustedes clientes que nos hacen pedidos al mayoreo cada fin de año, nos permitimos informarles que por cada lote de ropa que nos compren, se les hará un 35% de descuento, además de que se les obsequiará un bonito arreglo navideño, que hará que su boutique luzca todo el esplendor de la Navidad.– Atentamente.– Sears, Roebuck & Co. de México, S. A.– SRM/nin

MODELO DE CARTA CON AVISOS ANEXOS*

EL PUERTO DE LIVERPOOL, S. A.,
Durango No. 98,
México, D. F.,
C.P. 68301

México, D. F.,

Creaciones Elegantes,
Saltillo No. 36,
México, D. F.,
C.P. 07140.

Estimados señores:

Tal como se sirvieron pedirnos en su carta del día 21 de los corrientes, la información relativa a los modelos, el costo de cada uno de ellos, la tela y el descuento a efectuar por pronto pago, nos permitimos acompañar catálogo, lista de precios y un muestrario de telas.

Agradecemos la preferencia que tienen por nosotros y esperamos poder surtirles un pedido, ya que tanto nuestros precios como la calidad, es lo que nos distingue de otros almacenes.

Atentamente.

EL PUERTO DE LIVERPOOL, S. A.

ANEXO: Catálogo de modelos, lista de precios y muestrario de telas.

PL/nin

* La palabra anexo se escribe dos cambios antes de las referencias finales y significa que acompañan a la carta documentos, muestras, etcétera.

De acuerdo con los conocimientos adquiridos, distribuye el siguiente ejercicio:

Ejercicio 3

CARTA CON AVISO DE ANEXO

BANCA CONFIA, S.A., Madero No. 28, México, D.F. C.P. 06000– México, D.F., Señores Colín y Cervantes, Apartado Postal No. 634, México, D.F., C.P. 15310. Estimados señores: Acabamos de recibir una solicitud de crédito de la compañía Fernando Silva y Hermanos, quienes han presentado el nombre de su firma como referencia.– Por lo tanto, les rogamos se sirvan proporcionarnos amplia información del tiempo que hace que los conocen, el monto máximo de crédito que les han otorgado y demás detalles que ustedes consideren necesarios. Desde luego, tengan la seguridad que todos estos datos serán estrictamente confidenciales.– Agradecemos la atención que se sirvan prestarnos y esperamos corresponderles en alguna ocasión.– Atentamente.– Rodolfo Sánchez, Jefe del Departamento de Crédito.– Anexo: Formato.– RS/nin

15 20 35 70

MODELO DE CARTA CON AVISOS DE CARGO*

GRAN FÁBRICA DE ZAPATOS DE LEÓN,
Juárez No. 12,
León, Gto.,
C.P. 3700.

León, Gto.,

Zapaterías Tres Hermanos,
Apartado Postal No. 22,
México, D.F.,
C.P. 02810.

Estimados señores:

Nos referimos a su carta del 30 del actual, y deseamos manifestar a ustedes, que desde el día 27 remitimos las cien cajas de zapatos para niños, según pedido No. 391.

Estamos enviando copia de nuestra F/2347, por la cantidad de ---
$1,500.00 (UN MIL QUINIENTOS PESOS 00/100 M.N.), que según
--------- sus instrucciones ya fueron cargados a su apreciable cuenta.

Esperamos que a la fecha hayan recibido la mercancía, y agradeciéndoles su preferencia, quedamos a sus apreciables órdenes.

Roberto Suárez Solís,
Gerente.

RSS/nin

* Cuando se meciona en el texto valores en dinero, el importe deberá escribirse con número y letra. El espacio que ocupa la cantidad en número, en el renglón siguiente, deberá destacarse con guiones.

De acuerdo con los conocimientos adquiridos, distribuye el siguiente ejercicio:

Ejercicio 4

CARTA CON AVISO DE CARGO

ARTESANÍAS FINAS DE CUERNAVACA, Morelos No. 97, Cuernavaca, Mor., C.P. 62280– Cuernavaca, Mor.,..– Centro Artesanal, S. A., Carpio No. 27, Col. Guerrero, México, D.F., C.P. 06300– Muy señores nuestros:– Estamos remitiendo por avión, según sus instrucciones, las figuras de porcelana que se sirvieron pedirnos de acuerdo con su orden No. 987, por la cantidad de $8,000.00 (OCHO MIL PESOS, 00/100 M.N.), mismos que cargamos ya en su cuenta.– Mucho hemos de agradecer nos comuniquen si la mercancía llegó a su entera satisfacción. En espera de sus noticias, los saludamos atentamente.– Sergio Robles, Subgerente. SR/nin

MODELO DE CARTA CON PÁRRAFOS CLASIFICADOS*

PAPELERÍA LUMEN,
Av. Patriotismo No. 381,
México, D.F.,
C.P. 06140.

México, D.F.,

Papelería "El Carmen", S.A.,
Calz. de la Viga No. 198,
México, D.F.,
C.P. 06820.

Estimados señores:

Damos respuesta a su carta del 11 de los corrientes y con gusto les damos a conocer la promoción que tenemos de los diferentes artículos que a continuación mencionamos:

MATERIAL PARA DIBUJO. Tenemos escuadras, blocks de dibujo, diversas gomas, lápices del 2 al 5 y todo tipo de tintas; en la compra de 25 piezas ofrecemos un 15% de descuento.

ARTÍCULOS DE VINIL. Portafolios, carpetas, mochilas, estuches; se hará un 10% de descuento en compras de más de 15 piezas.

PAPELERÍA. En todo tipo de hoja, en paquetes de cien, quinientas y mil hojas, tienen un descuento del 10%.

Todos los precios se mantendrán hasta el día último de este mes. En espera de sus apreciables órdenes, los saludamos atentamente.

PAPELERÍA LUMEN

PL/nin

* Este modelo contiene varios asuntos que se tratan en párrafos separados. Cada párrafo se inicia con un título adecuado.

De acuerdo con los conocimientos adquiridos, distribuye el siguiente ejercicio:

Ejercicio 5

CARTA CON PÁRRAFOS CLASIFICADOS

ADO DE MÉXICO, S.A. de C.V., Calz. Camarones No. 278, México, D.F., C.P. 02000— México, D.F., ...— Cía. de Viajes Turísticos "El Mundo", Amores 134, Col. del Valle, México, D. F., C.P. 03100— Damos respuesta a su atenta carta del día 22, y nos complace mucho informarles la salida y llegada en las rutas solicitadas. MÉXICO-ACAPULCO. Salidas y llegadas diariamente cada hora, desde las 6.00 hasta las 22.50 hrs.— MÉXICO-TAXCO. Salidas y llegadas cada dos horas desde las 6.00 hasta las 21.00 hrs.— MÉXICO-CUERNAVACA. Salidas y llegadas cada 15 minutos, desde las 7.00 hasta las 21.00 hrs.— Atentamente.— Manuel Robles, Gerente.— MR/nin

MODELO DE CARTA CON INSERCIÓN DE TEXTOS*

DELEGACIÓN BENITO JUAREZ,
Av. División del Norte No. 2780,
México, D.F.,
C.P. 03319.

México, D.F.,

TIENDAS "GIGANTE", S.A.,
Av. Ejército Nacional No. 2897,
México, D.F., C.P. 11560.

Muy señores nuestros:

En relación a la consulta que se sirven hacernos respecto al permiso que se dará para cerrar las tiendas durante las festividades navideñas, nos es grato informarles lo siguiente:

"Todos los almacenes pertenecientes a esta Delegación podrán permanecer abiertos a partir del día 15 de diciembre hasta el 10 de enero, de las 10.00 a las 22.00 hrs. Únicamente se permitirá la venta de bebidas alcohólicas hasta las 21.00 hrs."

Confío que esta información sea clara y rogamos se sirvan tomar nota de lo anterior para evitar todo tipo de sanciones.

Atentamente.

Jorge Hidalgo,
Subdelegado.

JH/nin

* El texto entrecomillado significa la parte medular de la carta, que es, en la que se debe fijar la atención.

De acuerdo con los conocimientos adquiridos, distribuye el siguiente ejercicio:

Ejercicio 6

CARTA CON INSERCIÓN DE TEXTO

DESPACHO SÁNCHEZ GAMBOA, Contadores, Río Poo No. 90, Col. Cuauhtémoc, México, D.F., C.P. 06500— México, D.F., ...— Cía. Hulera Euzkadi, S.A., Dakota No. 36, México, D.F., C.P. 03810— Muy señores nuestros y amigos:— Es necesario que se sirvan tomar nota respecto a los cambios en la retención a empleados por pagos extraordinarios.— "Se modificó el procedimiento reglamentario para que los patrones retengan el impuesto a sus empleados, tratándose de pagos tales como gratificación anual, participación de utilidades y primas vacacionales dominicales.— Esencialmente, el nuevo procedimiento consiste en "mensualizar" este tipo de pagos y adicionarlo a las remuneraciones ordinarias para calcular el impuesto correspondiente. Además, deberá seguirse cuando por causas no imputables al trabajador, éste obtenga de una sola vez las percepciones correspondientes a varios meses."— Por nuestra parte, estamos dispuestos a proporcionar todos los informes necesarios que soliciten.— Atentamente.— C.P. Guillermo Sánchez Gamboa.— GSG/nin

tema seis SEIS TEMA SEIS TEMA SEIS tema seis tema seis

TEMA SEIS
El oficio

Es el escrito que sustituye a la carta en los trámites que origina la administración pública.

Los elementos del oficio son:

- *Membrete.* Nombre de la institución que gira el oficio.
- *Cuadro clasificador.* Datos clasificados para registro y archivo referentes a la oficina emisora. En la iniciativa privada y en algunas oficinas gubernamentales, se acostumbra incluir en el cuadro sólo el nombre de la dependencia y los números de oficio y expediente.
- *Asunto.* Síntesis de las ideas contenidas en el texto.
- *Fecha.* Ciudad, entidad federativa, día, mes y año en que se expide. En oficios girados entre dependencias de la zona metropolitana se anota sólo el mes, el día y el año.
- *Dirección.* Cargo que desempeña el destinatario, dependencia en que presta sus servicios, domicilio (si procede), ciudad y entidad federativa donde reside.
- *Referencias.* Número, expediente y fecha del oficio que se contesta.
- *Texto.* Exposición del motivo que origina el escrito.
- *Despedida.* Fórmula de cortesía: Atentamente, Muy atentamente, Respetuosamente.
- *Lema.* Leyenda que resume el o los principales postulados de una institución.
- *Antefirma.* Cargo o categorías del firmante.
- *Firma:* Nombre completo y rúbrica del firmante.
- *Referencias finales y otros datos.* Indicación de los anexos que se envían o el nombre de las personas a quienes se remite copia del documento. Estas anotaciones se hacen al calce y antes de las referencias finales.

ESTRUCTURA DEL OFICIO

20 25 40 75

ASUNTO: ____________________
____

4 interlíneas

FECHA: ____________________

4 interlíneas

DIRECCIÓN: ____________________
____
____

2 interlíneas

REFERENCIAS: ____________________

2 interlíneas

TEXTO ____________________
____
____

2 interlíneas

____
____
____
____________________.

2 interlíneas

DESPEDIDA: ____________________

2 interlíneas

LEMA ____________________

2 interlíneas

ANTEFIRMA ____________________

4 interlíneas

FIRMA ____________________

Las interlíneas necesarias de acuerdo con la extensión del texto.

OTROS DATOS ____________________

REFERENCIAS FINALES ____________________

MODELO DE OFICIO DE CORRESPONDENCIA INTERIOR*

INSTITUTO MEXICANO DEL SEGURO SOCIAL
DIRECCIÓN GENERAL
Paseo de la Reforma No. 980
México, D.F.
C.P. 06050

ASUNTO: Deberán rendir informes y presentarlos el día 31.

México, D.F.,

C. Jefe del Departamento Administrativo,
P r e s e n t e.

Con el propósito de cumplir estrictamente las disposiciones del Ejecutivo, me dirijo a usted para que a su vez comunique a todos los Jefes de Departamento, que deberán rendir sus informes anuales a más tardar para mediados del mes de diciembre y presentarlos el día 31 del mismo mes en esta Dirección General.

Atentamente.

Lic. Gustavo Games,
Secretario Particular.

GG/nin

* Se le llama así porque tanto el firmante como la persona a quien se dirige pertenecen a una misma dependencia o edificio.

De acuerdo con los conocimientos adquiridos, distribuye el siguiente ejercicio:

Ejercicio 1

OFICIO DE CORRESPONDENCIA INTERIOR

FÁBRICA DE JABÓN "LA LUZ", Corregidora No. 23, México, D.F., C.P. 06150– ASUNTO: Solicitud de preparación académica de empleados administrativos.– México, D. F.,...– C. Guillermo Ruiz, Jefe del Departamento Administrativo, Presente.– Con objeto de integrar el expediente de cada uno de los empleados administrativos a su cargo, ruego a usted se sirva remitir, a la brevedad posible, los datos a que se refiere el formato adjunto.– Atentamente.– El Jefe del Departamento de Personal.– Lic. Arturo Gómez Jiménez.– Anexo: Formato e Instructivo para su llenado. AGJ/nin

MODELO DE OFICIO DE CORRESPONDENCIA EXTERIOR*

20 25 40 75

SELLO

SECRETARÍA DE INDUSTRIA
Y COMERCIO

DEPENDENCIA Dirección General
SECCIÓN Control Comercio Exterior
Correspondencia
MESA Cuarta
No. de OFICIO 9878
EXPEDIENTE E/456-89

ASUNTO: Se cancela solicitud para importar mercancía.

México, D.F.,

C. Ing. Ramón E. Mendívil,
Av. Cuauhtémoc No. 6780,
Monterrey, N.L.,
C.P. 64170.

En relación con su solicitud de importación 178961, me permito informar a usted que ha sido cancelada en virtud de ser necesarias mayores especificaciones de la misma para su estudio.

De acuerdo con lo anterior, le ruego presentar una nueva solicitud que aporte los datos que a continuación se mencionan: NO JUSTIFICA LA IMPORTACIÓN POR LA EXTENSIÓN CON QUE CUENTA.

Atentamente.

SUFRAGIO EFECTIVO NO REELECCIÓN

EL OFICIAL MAYOR

Lic. Guillermo Duarte

GD/nin

* Se dirige a una persona que no depende directamente de la oficina que remite el oficio.

De acuerdo con los conocimientos adquiridos, distribuye el siguiente ejercicio:

Ejercicio 2

OFICIO DE CORRESPONDENCIA EXTERIOR

SECRETARÍA DE EDUCACIÓN PÚBLICA, Argentina y Luis González Obregón, México, D.F., C.P. 06081 — ASUNTO: Se envían becas a los alumnos destacados.— México, D.F.,...— C. Prof. Roberto Villicaña Ocampo, Jefe del Departamento de Becas, Dirección General de Primarias en el D.F., Izazaga 23, México, D.F., C.P. 06087— Por acuerdo del C. Secretario de Educación Pública, enviamos a usted la relación de alumnos a los que de acuerdo con sus promedios, se les otorgó beca para el ciclo escolar 1991-1992.— Atentamente.— SUFRAGIO EFECTIVO NO REELECCIÓN.— El Oficial Mayor.— Prof. José Carlos Santoyo.— Anexo: Relación de alumnos.— JCS/nin

BANCO DEL ATLÁNTICO,
CASA MATRIZ
Av. Morelos No. 908,
México, D.F.,
C.P. 08900.

ASUNTO: Instrucciones de carácter financiero.

México, D.F.,

C. Lic. Salvador González,
Gerente del Banco del Atlántico,
Paseo de la Reforma No. 98,
México, D. F.,
C.P. 06030.

Acuerda el C. Director General que, a partir del próximo día primero, rigen las estas disposiciones de carácter financiero:

OPERACIONES BANCARIAS. Las cuentas de ahorro y capitalización son simplemente operaciones de crédito destinadas a resolver problemas de los particulares y a fomentar el hábito del ahorro en nuestra población, por lo tanto, se deberá informar a los ahorradores que ganarán 5% más en sus intereses.

INSTITUCIONES O SOCIEDADES FINANCIERAS. Están destinadas a fomentar las actividades industriales y mercantiles; invertir dinero en sociedades mercantiles, o comprar sus acciones, si ese es el caso, conceder préstamos sobre documentos (letras, pagarés, etc.)

Rogamos se sirva tomar nota de las disposiciones anteriores y acusarnos recibo.

Atentamente.

Salvador Santacruz,
Subdirector.

SS/nin

De acuerdo con los conocimientos adquiridos, distribuye el siguiente ejercicio:

Ejercicio 3

OFICIO CON PÁRRAFOS CLASIFICADOS

SERVICIO POSTAL MEXICANO, Administración de Correos No. 9, Calle 3 No. 18, Col. San Pedro de los Pinos, México, D.F., C.P. 01180– ASUNTO: SERVICIOS ESPECIALES.– México, D. F.,...– SERVICIO DE MENSAJERÍA DHL, Amores No. 789, Col. del Valle, México, D. F. C.P., 03100.- Nos es grato comunicar a ustedes los servicios especiales con que cuentan nuestras oficinas, para garantizar un servicio rápido y seguro. Los más importantes son: ENTREGA INMEDIATA (o EXPRESSO). Esta correspondencia se entrega inmediatamente por medio de un mensajero.– CORREO RECOMENDADO. Este servicio puede usarse con correspondencia de primera, segunda o tercera clase y proporciona mayor seguridad para el envío de documentos o valores.– SEGURO PARA PAQUETES POSTALES. Se utiliza en correspondencia de tercera o cuarta clase (paquetes postales). Se paga una suma adicional se asegura la correspondencia o mercancía contra pérdida, robo o deterioro. La tarifa depende del valor de la mercancía; la suma asegurada varía en los distintos países.– Nos permitimos comunicarles lo anterior para su conocimiento y ayuda oportuna.– Atentamente.– Lic. Roberto Bolaños, Jefe de la Oficina.– RB/nin

SINDICATO NACIONAL DE TRABAJADORES DEL
INSTITUTO MEXICANO DEL SEGURO SOCIAL,
Av. Tacubaya No. 1980,
México, D.F.,
C.P. 03830.

ASUNTO: Se trascribe acuerdo de
Reunión Sindical.

México, D. F.,

Unión Sindical de Trabajadores del
Instituto Mexicano del Seguro Social,
Madero No. 56,
Guadalajara, Jal.,
C.P. 44350.

Se transcribe el acuerdo de la III Reunión Nacional, efectuada el día 28 de los corrientes y les exponemos los puntos más importantes, mismos que han sido notificados a todas las delegaciones:

"Se ratifica en todos sus términos el acuerdo tomado por la III Reunión Nacional, acerca del deber que tienen todos los compañeros miembros del Sindicato, de cumplir estrictamente con las obligaciones que les imponen sus contratos de trabajo. Sin excepción, los que se indisciplinen a este acuerdo serán sancionados."

Habiéndonos ya enterado de paros indebidos y de otras violaciones a los referidos contratos, es oportuno que ustedes hagan conocer a todos los compañeros el acuerdo transcrito.

Fraternalmente.

JUNTOS EN LA LUCHA

Mauricio Gómez,
Secretario del Trabajo.

MG/nin

De acuerdo con los conocimientos adquiridos, distribuye el siguiente ejercicio:

Ejercicio 4

OFICIO CON INSERCIÓN DE TEXTO

FÁBRICA DE MÁQUINAS DE OFICINA "OLIVETTI", Av. Granjas México No. 56, Naucalpan, Edo. de Méx., C.P. 53910– ASUNTO: Información de nuevas calculadoras.– Naucalpan, Edo. de Méx....– – COMPUCENTRO, S.A. de C.V., Insurgentes Sur No. 1908, México, D.F., C.P. 01095– Damos a conocer a ustedes la nueva Calculadora que acaba de salir al mercado:– "Esta máquina no tiene cinta de papel. Su teclado es similar al de la máquina de sumar; tiene una cantidad de filas de teclas y cada columna vertical contiene teclas numeradas del 1 al 9. En cada tecla hay, generalmente, números de dos tamaños; los más pequeños se usan para la resta y la división. Los totales aparecen en los cuadrantes o ventanillas para las respuestas en la parte superior e inferior del teclado. Estas calculadoras son muy usadas para revisar y calcular cuentas, porque hacen los cálculos con precisión y rapidez, basada en la cantidad y en el precio por unidad."– Como ustedes son uno de nuestros mejores clientes, nos permitimos informarles que tenemos en existencia dos mil piezas.– Atentamente.– Jaime Gómez Tagle.– Gerente General.– ANEXO: Un muestrario.– JGT/nin

TEMA SIETE
La circular

Es el escrito que se emplea para comunicar simultáneamente un mismo asunto a varias o numerosas personas, a quienes interesa por igual. Se distribuye como el oficio.

Los elementos de la circular son:

- *Membrete.* Nombre de la institución o persona que envía la circular.
- *Número de la circular.* Se escribe inmediatamente después de la palabra circular.
- *Asunto.* Se menciona únicamente cuando el texto es extenso.
- *Fecha.* Ciudad, entidad federativa, día, mes y año de expedición.
- *Dirección.* Se acostumbra anteponer al nombre o designación de los destinatarios la preposición A; ejemplos: A los CC. profesores de matemáticas; A los empleados administrativos.
- *Observaciones.* En las circulares, la dirección hace, a la vez, la función de vocativo, ya que se omite el domicilio de los destinatarios, bien porque concurran a un mismo local, bien porque en el sobre se anota sólo el lugar de la residencia.
- *Texto.* Exposición del motivo que origina el escrito.
- *Despedida.* Fórmula de cortesía: Atentamente.
- *Antefirma.* Cargo o categoría del firmante.
- *Firma.* Rúbrica del firmante.
- *Referencias finales.* Son las iniciales mayúsculas y minúsculas, respectivamente, de la persona que dicta la carta y del empleado que la escribe. Ejemplo: NM/nin.

MODELO DE CARTA CIRCULAR

EJERCICIOS

MODELO DE CARTA

MUEBLERÍAS VÁZQUEZ HERMANOS,
Miguel Ángel de Quevedo No. 121,
Coyoacán, D. F.,
C.P. 09000.

ASUNTO: Horas extraordinarias de trabajo, de 10.00 a 16.00 y de 17.00 a 22.00 Hrs.

CIRCULAR No. 12

México, D. F.,

Al personal que labora en el
Departamento de Ventas:

Por acuerdo del Presidente de la Compañía, me permito informar a ustedes de las horas extraordinarias de trabajo que regirán durante la celebración de las fiestas navideñas:

Todos los empleados que tengan una antigüedad de más de cinco años, deberán cubrir el horario de las 10.00 a las 16.00 hrs.; los empleados que tengan una antigüedad de menos de cinco años, cubrirán el horario de las 17.00 a las 22.00 hrs., incluyendo sábados y domingos.

Por tanto, ruego a ustedes se sirvan tomar nota, firmando en la relación adjunta.

A t e n t a m e n t e.

EL JEFE DEL DEPARTAMENTO DE PERSONAL.

Lic. Roberto Verdún

RV/nin

De acuerdo con los conocimientos adquiridos, distribuye el siguiente ejercicio:

Ejercicio 1

CIRCULAR

ESCUELA SECUNDARIA TÉCNICA No. 6, "SOR JUANA INÉS DE LA CRUZ" Plaza de la Ciudadela No. 13, México, D. F., C.P. 06085— CIRCULAR No. 3.— México, D. F.,...— Profesores: Daniel Oceguera, Margarita Fuentes, Ranulfo González y Jorge Muñoz, Presente.— Me complace comunicarles que han sido designados para integrar el Comité Organizador de los festejos con que habrá de celebrarse el trigésimo quinto aniversario de la fundación de este plantel.— He de agradecera ustedes tomar debida nota de lo anterior.— Atentamente.— EL DIRECTOR Ing. Gustavo Olmos.— GO/nin

TEMA OCHO
La constancia

Es un testimonio escrito firmado por una persona con autoridad para expedirlo. Se formula a petición del interesado como comprobante de aptitud, de honestidad, de conducta, de antigüedad en el servicio u otros hechos cuya comprobación convenga al solicitante del documento.

Los elementos de la constancia son:

- ***Membrete.*** Nombre de la institución o persona que expide el documento.
- ***Fecha.*** Ciudad, entidad federativa, día, mes y año en que se expide.
- ***Vocativo empleado en algunas oficinas.*** A quien corresponda.
- ***Texto.*** Exposición del motivo que origina el escrito.
- ***Antefirma.*** Cargo o categoría del firmante.
- ***Firma.*** Rúbrica del firmante.
- ***Identificación del interesado.*** Fotografía, domicilio, teléfono y firma al margen.

GRABADOS FINOS "EDIGRAPHOS" S. A. DE C. V.,
Frambuesa No. 24,
México, D. F.,
C.P. 55050.

México, D. F.,

A quien corresponda:

La señorita Rosa Ma. Velázquez Cano, cuya firma aparece al calce, trabajó en esta compañía de 1985 a 1989.

Por convenir así a sus intereses, renunció a su empleo como encargada de la Oficina de Ventas, demostrando aptitud y puntualidad en el cumplimiento de su deber, así como una gran honradez.

GRABADOS FINOS "EDIGRAPHOS" S. A. DE C. V.

Patricia Ortiz
Gerente

FOTOGRAFÍA

____
Rúbrica de Rosa Ma. Velázquez Cano

De acuerdo con los conocimientos adquiridos, distribuye el siguiente ejercicio:

Ejercicio 1

CONSTANCIA

UNIVERSIDAD DEL VALLE DE MÉXICO, Querétaro No. 31, México, D. F., C.P. 06700— México, D. F. , ...— A quien corresponda:— El que suscribe, Director de la Facultad de Medicina, hace constar que el alumno Jorge Serrano Ávalos aprobó todas las materias del séptimo semestre del año en curso.— Para los usos que convengan al interesado, se extiende esta constancia.- Q.B. Rodolfo Gómez, Director de la Facultad de Medicina.

TEMA NUEVE
El certificado

Es el escrito que se formula, como las constancias, para dar fe de un hecho. Por ejemplo: certificados de estudios, de salud, de control de calidad, etcétera.

Los certificados se distinguen fácilmente de las constancias ya que en los primeros se anota la palabra "certificado", "certifico" o "certifica".

Los elementos del certificado son:

- *Membrete.* Nombre de la institución o persona que expide el documento.
- *Fecha.* Ciudad, entidad federativa, día, mes y año en que se expide.
- *Vocativo empleado en algunas oficinas.* A quien corresponda.
- *Texto.* Exposición del motivo que origina el escrito.
- *Antefirma.* Cargo o categoría del firmante.
- *Firma.* Rúbrica del firmante.

Conviene anotar al calce la firma del interesado como identificación.

MODELO DE CERTIFICADO MÉDICO

DR. JORGE MUÑOZ LARA
UNAM
Reg. de Prof. 87690
SSA 500193
Juárez No. 45,
Monterrey, N. L.,
C.P. 64170,

Monterrey, N. L.,

El que suscribe:

Médico Cirujano, legalmente autorizado para ejercer, certifica haber examinado a la señorita Norma Alicia Sánchez Romero de 15 años de edad, encontrándola sana y no padece ninguna enfermedad infectocontagiosa.

Se vacunó contra la hepatitis.

Atentamente.

Dr. Jorge Muñoz Lara

De acuerdo con los conocimientos adquiridos, distribuye el siguiente ejercicio:

Ejercicio 1

CERTIFICADO

NOTARÍA No. 14, Bolívar No. 23, México, D. F., C.P. 06081— México, D. F., ...— El suscrito, titular de la Notaría No. 14 del Distrito Federal, certifica que en la escritura 98, volumen 11, de esta Notaría, del 5 de mayo de 20..., autorizada por el firmante, consta que Roberto Contreras Soriano vendió, y Ma. Elena Robles Jiménez compró, en precio de ciento cincuenta millones, el local ubicado en Fresnos No. 34 de la colonia Nueva Santa María, de esta Capital.— A petición de los interesados, extiendo la presente certificación en la ciudad de México, D. F., a los dos días del mes de agosto de dos mil...— Lic. Hermenegildo Espinosa de los Reyes.— HE/nin

TEMA DIEZ

El memorándum

Es un documento que se utiliza esencialmente para auxiliar a la memoria con un apunte escrito, notas informales, etc. En los trámites mercantiles y gubernamentales es un documento interno al que se le asignan múltiples aplicaciones. Su extensión varía de acuerdo con la importacia del asunto que trata, y su estilo es tanto o más sobrio que el del oficio, en razón del propósito al cual se destina.

Los elementos del memorándum son:

- ***Membrete.*** Nombre de la institución o persona que envía el documento. (Se utiliza únicamente como correspondencia interior.)
- ***Asunto.*** Síntesis de las ideas contenidas en el texto; se excluye cuando las exposiciones son muy cortas.
- ***Fecha.*** Día, mes y año en que se expide.
- Inmediatamente después se anota
  Para: persona a quien se dirige, anotar su cargo.
  De: persona que lo dirige, anotar su cargo
- ***Texto.*** Exposición del motivo que origina el escrito.
- ***Despedida.*** Rúbrica de la persona que lo dirije. Tomando en cuenta el ejemplo de memorandum, como sigue:

SEGUROS MONTERREY, S.A.
Institución de Seguros sobre la vida,
Av. Mariano Escobedo 53,
C.P. 11570 Delegación Miguel Hidalgo,
México, D. F.

Enero 8 de 1993

Para: Lic. Enrique Mañón Suárez,
Director de Comunicación Interna y Asuntos Especiales.

De: Lic. Agustín Reyes Robles,
Gerente de Adquisiciones.

Anexo me permito remitir a usted, los originales mecánicos y 26 fotografías utilizados durante la impresión del Boletín Informativo No. 2; asimismo, agradeceré acusar recibo del material de referencia.
Sin otro particular, aprovecho la oportunidad para enviarle un cordial saludo.

A t e n t a m e n t e.

(rúbrica)

c.c.p. Lic. Guillermina Acevedo Castañeda,
Subdirectora de Servicios Administrativos.

ARR/nin

De acuerdo con los conocimientos adquiridos, distribuye el siguiente ejercicio:

Ejercicio 1

MEMORÁNDUM

PROBURSA, Casa de Bolsa, Av. Paseo de la Reforma No. 57, México, D. F., C.P. 06600- México, D. F.,.....- Para el C. Contador Domingo Robles.- (Puntos que debe tratar mañana con los Asambleístas)- a) Condiciones de ingreso para nuevos socios.- b) Normas para el ajusteen los estados financieros.- c) Puntos relativos al cumplimiento de estatutos internos.- d) Revisión de los artículos 18, 19 y 20 de la Ley de Hacienda.

TEMA ONCE
El telegrama

Es un escrito urgente que se trasmite por medio del telégrafo. Su precio está sujeto a la distancia y el número de palabras que contenga; por esta razón se utiliza el lenguaje elíptico, es decir, la supresión de voces -preposiciones, artículos, pronombres— que no sean absolutamente indispensables para la correcta interpretación de la idea. Se abrevian también conceptos mediante el uso de pronombres enclíticos.

Ejemplo:

Le ruego me informe por Ruégole informarme.

Me avisaron que le habían remitido por Avisáronme habíanle remitido.

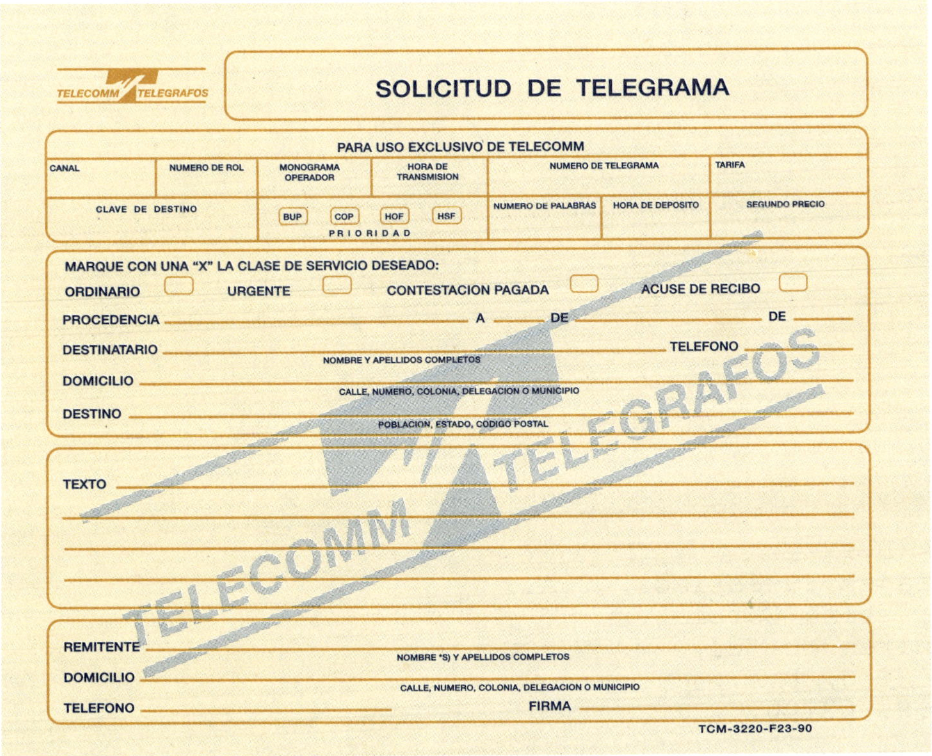

TELECOMM TELEGRAFOS

SOLICITUD DE TELEGRAMA

PARA USO EXCLUSIVO DE TELECOMM

CANAL	NUMERO DE ROL	MONOGRAMA OPERADOR	HORA DE TRANSMISION	NUMERO DE TELEGRAMA		TARIFA
CLAVE DE DESTINO		BUP COP HOF HSF PRIORIDAD		NUMERO DE PALABRAS	HORA DE DEPOSITO	SEGUNDO PRECIO

MARQUE CON UNA "X" LA CLASE DE SERVICIO DESEADO:

ORDINARIO ☐ URGENTE ☐ CONTESTACION PAGADA ☐ ACUSE DE RECIBO ☐

PROCEDENCIA ______ A ______ DE ______ DE ______

DESTINATARIO ______ TELEFONO ______
NOMBRE Y APELLIDOS COMPLETOS

DOMICILIO ______
CALLE, NUMERO, COLONIA, DELEGACION O MUNICIPIO

DESTINO ______
POBLACION, ESTADO, CODIGO POSTAL

TEXTO ______

REMITENTE ______
NOMBRE *S) Y APELLIDOS COMPLETOS

DOMICILIO ______
CALLE, NUMERO, COLONIA, DELEGACION O MUNICIPIO

TELEFONO ______ FIRMA ______

TCM-3220-F23-90

T E L E G R A M A

SERVICIO ORDINARIO

Srita. Ma. de la Paz Rubalcaba,
Av. San Jerónimo No. 134,
México, D. F.,
C.P. 10200.

URGE PRESENTARTE PRÓXIMO LUNES 23 18.00 HRS AEROLÍNEAS TURÍSTICAS RECOGER BOLETO Y PASAPORTE.

Abril 19 de 20...

SIGNATARIO:
Viajes Turísticos, S.A.,
Cristina García,
Amores No. 21,
México, D.F.,
C.P. 03100.

De acuerdo con los conocimientos adquiridos, distribuye el siguiente ejercicio:

Ejercicios 1 y 2

TELEGRAMA

TELEGRAMA. SERVICIO ORDINARIO. Srita. Consuelo Domínguez, Ameyalco No. 25, México, D. F., C.P. 01130- SALGO MAÑANA A ESA MOTIVO PASAR VACACIONES JUNTAS.- Diciembre 22 de 20...- SIGNATARIO: Sra. Carmen Domínguez.- Morelos No. 908, Acapulco, Gro., C.P. 39400-

TELEGRAMA. SERVICIO ORDINARIO. Lic. Humberto Domingo Ríos, Cerezo No. 987, Monterrey, N.L., C.P. 64740- TODA COSECHA PUDRIÓSE POR HELADAS ENVIAME INSTRUCCIONES.- Enero 21 de 20...- SIGNATARIO: José Luis Díaz Romero.- Paseo Tollocan No. 156, Toluca, Edo. de Méx., C.P. 50130-

TEMA DOCE
Rotulación de sobres

Para la rotulación de sobres deben considerarse dos elementos:

Remitente. Datos (nombre y dirección completos) de la persona que envía la carta; se anotan en la parte superior izquierda del sobre.

Destinatario. Datos (nombre y dirección completos) de la persona a quien se le envía la carta. Siempre se escriben en el centro del sobre.

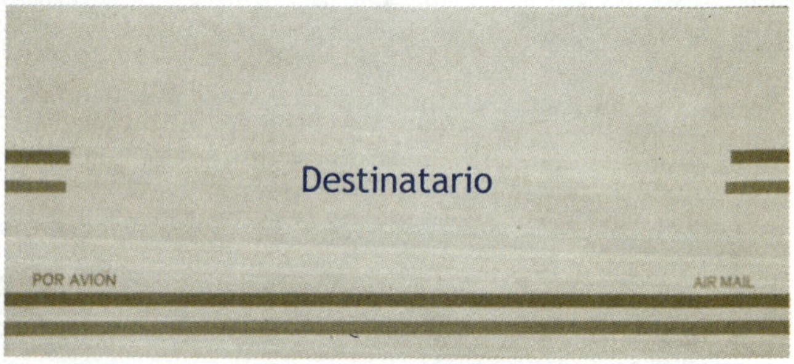

Remitente

Existen dos formas o estilos para rotular sobres: uno es el estilo block, que consiste en escribir cada línea en el mismo punto. Ejemplo:

```
CIA. DE SEGUROS LA PROVINCIAL, S.A.,
Apartado Postal 137,
México, D. F.,
C.P. 14330.

              Pedro Ramírez Girón,
              Jefe del Departamento de Contabilidad,
              Cía. Industrial Vidriera, S.A.,
              Av. de la Naranja 15,
              Tlalnepantla, Edo. de México,
              C.P. 04200.
```

```
CIA. DE AUTOTRANSPORTES MEXICANOS, S.A.,
Plutarco Elías Calles 34,
México, D. F.,
C.P. 14870.

              Eduardo Fajardo,
              Secretario General del Sindicato
              Nacional de la Industria Automotriz,
              Calzada Vallejo No. 121,
              México, D. F.,
              C.P. 09800.
```

Otro es el estilo escalonado, que consiste en sangrar cada línea con el mismo número de espacios. Ejemplo:

Sr. Andrés Morales,
San Lorenzo No. 165,
Col. del Valle,
México, D. F.,
C.P. 03100.

Srita. Rosa Ma. Vázquez,
Cerro del Agua No. 3487,
Col. Prado Churubusco,
México, D. F.,
C.P. 09870.

Recientemente se inventó un **casete** que sirve para comunicarnos con alguien en cualquier parte del mundo; grabas tu voz, envías canciones, versos, o bien frases muy cariñosas como si tuvieras a la persona frente a ti. Se puede adquirir en cualquier oficina de correos y se llama CASETE POST.

De acuerdo con los conocimientos adquiridos, rotula en sobres las siguientes direcciones. El remitente es:

Editorial Patria, S.A de C.V., San Lorenzo 160, Col. Cerro de la Estrella, México, D. F., C.P. 09860.

Ejercicios 1 al 5

ROTULACIÓN DE SOBRES

- Profr. Jaime Moreno, Av. del Trigal No. 34, Col. Los Cipreses, Coyoacán, México, D. F., C.P. 04000
- Robina Hermanos S. de R. L., Apartado Postal 18769, Saltillo, Coah., C.P. 26090
- Ing. Humberto Suárez, Gerente del Banco del Atlántico, Sucursal Lomas, Paseo de la Reforma No. 57, México, D. F., C.P. 05438
- Lic. Joaquín Vargas Altamirano, Rector de la Universidad de Michoacán, Domicilio conocido, Morelia, Mich., C.P. 60443
- Dr. Humberto Ruiz Ibáñez, Director de la Unidad de Congresos del Centro Médico Nacional, Av. Cuauhtémoc 178, México, D. F., C.P. 05698

TEMA TRECE
Conservación de la máquina de escribir

Limpieza preventiva

Hemos llegado al final del ciclo escolar y toda máquina necesita mantenimiento. ¿Por qué no dejarla limpia antes de iniciar las vacaciones?

Usa una franela empapada de alcohol y, con la supervisión del profesor, limpia el chasis, los tipos y, si tienes oportunidad, cambia la cinta (ver figura).

Así la máquina estará lista para el siguiente ciclo escolar.

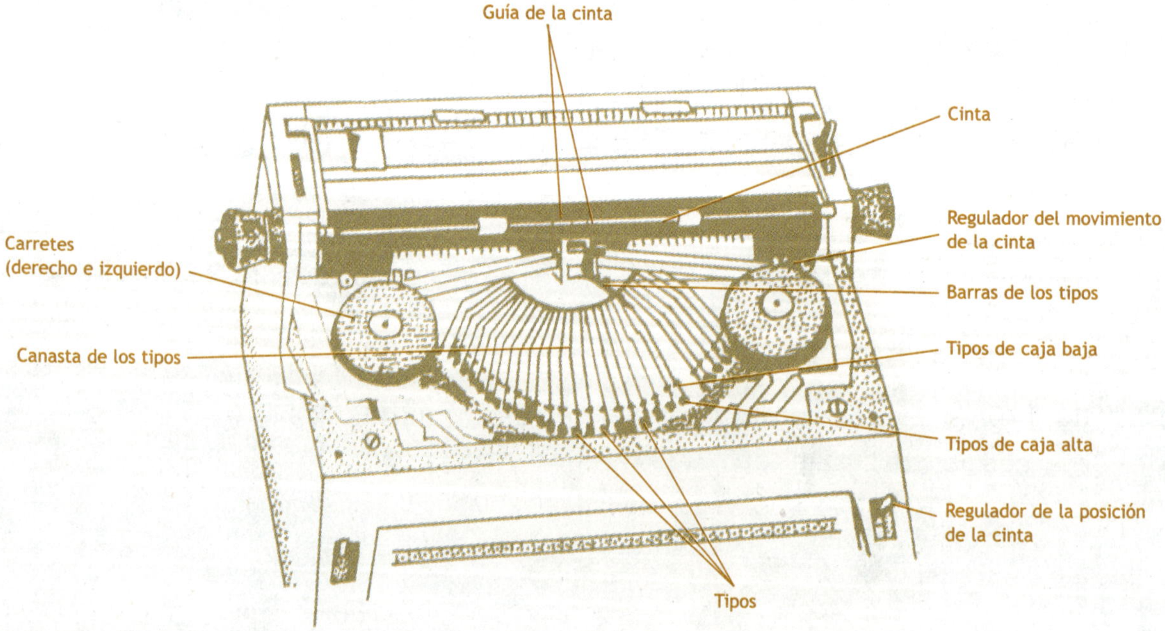

Indicadores de evaluación de errores en las prácticas mecanográficas

Digitación

Un error

- Escritura incompleta de mayúsculas o letras.
- Omisión o adición de acento, coma, punto y coma, dos puntos, diéresis.
- Sustitución, omisión o adición de una palabra o letra.
- Omisión o adición de mayúsculas.
- Cualquier letra o palabra remarcada (que no sea fantasma).
- La falta de espacio entre palabras.
- Cualquier palabra o letra fuera de su lugar.
- Minúsculas en vez de mayúsculas o viceversa.
- La falta de una letra al final de una línea (sin considerar la última del ejercicio).

Dos errores

- Cuando el error es repetido o es el mismo en todas las líneas.
- Cada línea encimada.
- Errores ocasionados por el cambio de posición de los dedos.

Descalificado

- Por no sujetarse estrictamente a las indicaciones del profesor.
- Adelantarse o prolongar el tiempo destinado al ejercicio.
- Por huellas de borradura o corrector.

Copia

Un error

- Escritura incompleta de mayúsculas.
- Omisión de guiones para dividir sílabas al final del renglón.

- Omisión o adición de acento, diéresis, coma, punto y coma y dos puntos.
- Sustitución, omisión o adición de una palabra o letra.
- Omisión o adición de mayúsculas.
- Cualquier letra sobrepuesta.
- La falta de espacio entre letras.
- Cualquier error ortográfico y la incorrecta división de sílabas.
- La omisión del punto, cuando éste se indique, incluyendo la mayúscula.
- Guiones para igualar el margen derecho.
- Omisión de los puntos suspensivos.
- Por no tener las líneas iguales a la muestra.
- No dejar por lo menos un espacio en blanco después del punto y seguido.

Dos errores

- Una línea faltante, sobrante o repetida.
- Cada línea encimada.
- Errores ocasionados por el cambio de posición de los dedos.
- Rebasar el margen derecho (hasta por tres líneas).

Descalificado

- Por no sujetarse estrictamente a las indicaciones del profesor.
- Adelantarse o prolongar el tiempo marcado para el ejercicio.
- Huellas de borradura o corrector.
- Escribir menos líneas de las que se marcan como mínimo en cada grado.

Memoración

Un error

- Omisión o adición de cualquier signo de puntuación: coma, punto, punto y coma, dos puntos, acento y diéresis.
- Escritura incompleta de mayúsculas.
- Por cada cifra omitida o equivocada.
- Omisión de los puntos suspensivos.

- Sustitución, omisión o adición de una palabra o letra.
- Cualquier letra sobrepuesta,
- Equivocar una letra o una palabra.
- La falta de espacio entre palabras.
- Minúscula en vez de mayúscula o viceversa.
- Error ortográfico.
- Omisión o cambio de cualquier signo.

Dos errores

- Una línea o medio renglón equivocado.
- Dejar sin escribir menos de media línea.
- Un mismo error repetido en la escritura (letra, número o signo).
- Una línea sobrante u omitida.
- Errores ocasionados por el cambio de posición de los dedos.
- Una línea encimada.

Descalificado

- Por ejecutar, por segunda vez, el ejercicio que debió hacerse en el primer intento.
- Por no sujetarse estrictamente a las indicaciones del profesor.
- Adelantar o prolongar el tiempo marcado para el ejercicio.
- Huellas de borradura o corrector.
- La falta de media línea o más.

Distribución

Un error

- Escritura incompleta de mayúsculas.
- Omisión de guiones para dividir sílabas al final del renglón.
- Omisión o adición de acento, diéresis, coma, punto y coma, dos puntos.

E- Cualquier error de distribución de los elementos de la carta.
E- No dar las interlíneas necesarias entre cada elemento.
E- No dividir en dos renglones la dirección cuando es demasiado extensa.

Dos errores

M- Una línea o medio renglón equivocado.
M- Dejar de escribir menos de media línea.
M- Errores ocasionados por el cambio de posición de los dedos.
M- Una línea encimada.
E- Escribir fuera del margen derecho hasta tres líneas.
O- Cuando en más de tres ocasiones se escriba cualquier signo de puntuación al final de cada renglón de las columnas.

Descalificado

- Por no sujetarse estrictamente a las indicaciones del profesor.
- Huellas de borradura o corrector.
- Por no terminar el ejercicio.

Para la evaluación de estos ejercicios de distribución, los errores se clasifican en:

M Mecanográfico
O Ortográfico
E Estético (el correspondiente a distribución).

Notas

Notas

Notas

Notas

Notas

Esta obra se terminó de imprimir en abril del 2008
en los talleres de Programas Educativos, S. A. de C. V.
Calz. Chabacano No. 65, Col. Asturias
C.P. 06850, México, D.F.

Empresa Certificada por el Instituto Mexicano de Normalización y
Certificación A. C. bajo la Norma ISO-9002: 1994/NMX-CC-004:1995
con el Núm. de Registro RCS-048 y bajo la Norma ISO-14001:
1996/SAA-1998 con el Núm. de Registro RSAA-003